Yves Cochet
Jean-Pierre Dupuy
Susan George
Serge Latouche

Où va le monde ?

2012-2022 : une décennie au devant des catastrophes

W0310169

ÉDITIONS MILLE ET UNE NUITS

LES PETITS LIBRES
n° 81

Les quatre textes qui constituent ce livre sont issus d'un colloque organisé à l'Assemblée nationale le 10 décembre 2010. Leur rédaction précède donc les révoltes et changements de régimes advenus dans le monde arabe au début de l'année 2011, ainsi que la catastrophe nucléaire de Fukushima. Dans la plupart des colloques qui se tiennent quotidiennement, il est question de sujets spécialisés ou d'événements d'actualité, et leur objectif est d'essayer de traduire les constats en propositions immédiatement applicables dans un programme politique souriant.
Avec les textes ici rassemblés, il n'est pas question de cela. En prenant du recul par rapport à l'actualité, les auteurs ont tenté de réfléchir à une hauteur où nulle censure ne s'exerce. Cela ne veut pas dire que les textes eux-mêmes sont apaisés, au contraire, car la situation est grave dans de nombreux domaines.

© Mille et une nuits, département de la Librairie Arthème Fayard,
février 2012 pour la présente édition
ISBN : 978-2-75550-643-3

SOMMAIRE

Yves Cochet
Jean-Pierre Dupuy
Susan George
Serge Latouche

Où va le monde ?

2012-2022 : une décennie au devant des catastrophes

Devant la catastrophe

Yves Cochet

Ouvrez un journal, écoutez une radio, regardez une télévision ou Internet. Tous les discours des personnalités économiques ou politiques qui s'expriment dans les médias ont un propos commun : la reprise est en vue, la croissance va revenir, on va s'en tirer. Oh, bien sûr, cela sera difficile, il y aura des sacrifices à faire, des réformes à effectuer, mais, *grosso modo*, le cours ordinaire des choses va reprendre. Certes, nous sommes en compétition avec les autres pays, il faudra mobiliser nos forces vives pour gagner, tout au moins pour garder notre rang. Mais, faites-nous confiance, disent les responsables politiques de droite et de gauche, notre programme permettra à la France et à ses habitants de sortir du marasme et de retrouver sa prospérité.

Yves Cochet est député écologiste de Paris, ancien ministre de l'Environnement.

Croissance ou récession ?

Le document le plus révélateur de cet état d'esprit est le Projet de loi de finances pour 2012 (PLF 2012) accompagné du Projet de loi de programmation des finances publiques pour les années 2012 à 2015, qui ont été examinés conjointement par le Parlement à l'automne 2011. Dans ces documents prospectifs qui dessinent les prochains budgets de la France, un certain nombre de paramètres macroéconomiques sont obligatoirement fixés. Le plus important d'entre eux est le taux de croissance du Produit intérieur brut (PIB). Ce faisant, on agit en probabilité : on choisit souvent un taux qui se situe entre le consensus des économistes à l'automne et un chiffre exprimant le maximum du volontarisme politique que l'on souhaite communiquer. Ainsi, dans le PLF 2012, le gouvernement avait-t-il choisi une croissance de 1,75 % pour l'année 2012, alors que le consensus se faisait plutôt autour de 1,3 % et les prévisions de Natixis étaient de 0,7 %. Mieux, dans la loi de programmation, le gouvernement pariait sur 2 % en 2013, en 2014 et en 2015. La conception sous-jacente à ces prévisions est que nous sommes dans une phase de reprise après la crise de 2008-2009, et que nous retrouverons bientôt la croissance régulière du PIB français et européen.

Ceci n'est pas ma conception. J'estime, au contraire, que nous entrons plutôt dans une nouvelle, longue et profonde récession. Comme le gouvernement, je raisonne en probabilité, avec la conviction que mon scénario « récessionniste » a plus de chances de se réaliser que le scénario « croissanciste » officiel, pour des raisons que j'évoquerai plus loin. Sous cette hypothèse centrale, la perspective des années 2012-2022 change du tout au tout, notamment le projet que doit porter une formation politique telle qu'Europe Écologie-Les Verts pour le prochain quinquennat 2012-2017. D'autant plus qu'à l'hypothèse de la récession s'ajoute une autre hypothèse sur la stabilité du monde lui-même, ce que l'on peut nommer l'hypothèse discontinuiste.

De quoi s'agit-il ? Lorsque chacun d'entre nous rêve d'avenir à dix ans, à l'échelon individuel, familial ou collectif, nous envisageons toujours une sorte de continuité évolutive par rapport à la situation actuelle. Le monde change, mais il ne s'effondre pas. Des événements adviennent, imprévus, heureux ou tragiques, mais la société demeure. Ainsi, lorsque nous rêvions notre avenir en l'an 2000, nous n'anticipions pas l'éventuelle disparition de proches, la perte d'un emploi, l'échec d'un enfant au bac ou, plus largement, le 11 septembre 2001, la guerre d'Irak en 2003 et la crise financière en 2008. Certains événements intimes ont brisé des vies, d'autres, géopolitiques, ont marqué la décennie passée, mais ils n'ont pas engendré de chaos global. Les rapports d'influence mondiale entre les États-Unis et la Chine se sont modifiés, mais aucune guerre armée ne s'est produite entre les deux géants. Malgré ces perturbations, le monde a simplement évolué, sans changement abrupt, sans discontinuité, sans rupture. Le libéral-productivisme reste l'idéologie dominante.

Probabilité de l'effondrement

L'hypothèse discontinuiste dont j'ai l'intuition est que, avant 2020, une catastrophe globale transformera profondément le cours des choses. La cohésion sociale ayant beaucoup diminué et l'individualisme ayant beaucoup augmenté depuis les années soixante, mon hypothèse est que cette catastrophe aura un effet déstructurant sur une société française réagissant alors à la manière d'une foule peu cohérente, et non à la manière de la foule révolutionnaire qui s'empara de la Bastille en 1789, le danger de la situation d'alors renforçant sa cohésion vitale. Il est vraisemblable que les autres sociétés européennes réagissent également de la même façon.

Quel type de catastrophe pourrait-il ainsi engendrer le chaos ? Il ne s'agirait pas nécessairement d'un événement unique et spectaculaire, mais plus probablement de la synergie de plusieurs dislocations dans des registres différents mais connectés par la mondialisation. Je pense surtout à l'écroulement du système financier mondial, coïncidant avec le déclin de la production pétrolière et avec quelque cataclysme climatique, écologique ou géologique de forte ampleur. Même s'il est impossible de calculer la probabilité de ces désastres parallèles, leur advenue concordante me semble suffisamment plausible pour que cette perspective soit au fondement de toute politique pour la décennie à venir.

Les politiques préventives que j'esquisserai sont de toute façon sans regret, puisqu'elles concourent toutes à « réduire les inégalités » ou plutôt à essayer de sauver la paix, la démocratie et la solidarité. Le premier devoir d'un responsable politique est de protéger les populations dont il prétend se préoccuper. La catastrophe est inévitable, tâchons d'en diminuer les pertes humaines.

Inévitable, la catastrophe ? Pourquoi donc ? Deux raisons principales à cela. La première est la lenteur du changement des idées et des comportements dans toute société, en temps ordinaire. En effet, la société est un système dynamique de perceptions croisées entre individus : je me représente comment les autres se représentent les choses et moi-même.

Ce qui détermine les croyances et les comportements d'un individu est l'interaction avec autrui, l'adaptation continuelle aux idées et réactions des autres, l'imitation et la rivalité, la coordination et la différenciation tout à la fois. Pour s'en convaincre, il n'est que de constater les phénomènes de mode vestimentaire, par exemple. Si je veux être intégré à un groupe et à la société, je dois revêtir l'habillement moyen de ce groupe tout en m'en démarquant par une apparente originalité, acceptable par la société. Il en est de même de toutes les idées et de tous les comportements, hormis ceux des personnes qualifiées de marginales, d'exclues, d'asociales. On comprend alors que l'évolution des croyances et des comportements soit lente et longue dans la société, sauf si un événement considérable advient (guerre, catastrophe...). Cette inertie sociale est désormais incompatible avec l'urgence écologique. La dynamique de dégradation des milieux naturels est plus rapide que l'évolution des croyances et des comportements humains.

La seconde raison est partiellement liée à la première : si, malgré l'inertie sociale, un événement assez impressionnant transformait rapidement les représentations du monde que nous possédons et qu'ainsi une société entière changeait alors profondément certaines de ses croyances, il est possible qu'elle puisse aussi changer rapidement et profondément ses comportements dans les domaines qui ne dépendent que d'un accord entre humains, mais impossible qu'elle les change dans les domaines qui dépendent des ressources naturelles. Par exemple, il est possible d'ériger une nouvelle et stricte régulation du système financier (la fermeture des Bourses ?), une nouvelle fiscalité beaucoup plus contraignante pour les riches (une tranche supérieure de l'impôt sur le revenu à 80 % ?), une sixième République (une France fédérale ?). Mais, il est plus difficile d'imaginer que cette même société puisse changer rapidement et profondément ses comportements dans les domaines qui dépendent de ses relations vitales avec les ressources naturelles. Par exemple, diviser par deux l'usage des automobiles, camions et avions, convertir la moitié de la Politique agricole commune (PAC) à l'agriculture biologique, réduire les consommations énergétiques de la majorité des bâtiments à 50 kWh/m^2/an, tout cela en cinq ans. Dans ces domaines, les affrontements se déroulent moins entre humains, et plus avec les ressources naturelles qui, elles, sont muettes, mais se dégradent et se raréfient.

La nature n'a aucun rapport de force avec les humains, la nature ne négocie pas. Force et faiblesse du monde non humain : il évolue selon des dynamiques qui lui sont propres, insensibles aux opinions, mais il est aujourd'hui tellement perturbé par les activités humaines que ses dynamiques changent sans que nous puissions les maîtriser. En deux siècles, l'humanité productiviste a conduit une action tellurique sur la nature[1], et les conséquences de cette action lui échappent aujourd'hui mais viennent en retour détruire son confort, comme une revanche. Bref, le financier et l'institutionnel, c'est assez facile à régler : ça ne dépend que des rapports de force, des dialogues, des représentations entre humains. C'est entièrement dépendant de notre volonté/imagination/représentation, de nos possibilités de compromis, de nos négociations. Alors que l'infrastructurel et l'écologique ne dépendent pas que de nous, ils dépendent aussi de la dynamique de l'écosphère qui nous échappe, et que nous avons gravement détraquée.

Le temps est compté

Dans cette vision récessionniste et discontinuiste, l'imminence de la catastrophe induit un raccourcissement brutal des durées nécessaires pour mettre en œuvre les réformes que l'on propose. À cet égard, le projet de loi sur les retraites, adopté en octobre 2010, est non seulement injuste lorsqu'on examine ses

1. Certains scientifiques proposent de nommer cette époque géologique : l'Anthropocène.

fondements socioéconomiques, mais il est surtout irréaliste dans sa conception même, fondée sur un rapport du Conseil d'orientation des retraites (COR) publié en avril 2010. Celui-ci fondait ses calculs les plus pessimistes sur une croissance moyenne annuelle de 1,5 % jusqu'en 2050, soit une augmentation de 100 % du PIB à cet horizon. Comment peut-on sérieusement supputer cela aujourd'hui ? Il est vraisemblable que les auteurs du rapport soient convaincus que l'économie est une science qui expose notamment que la croissance est soumise à plusieurs cycles de périodes plus ou moins courtes. Les phases de ces cycles pouvant s'amortir ou se renforcer selon les dates, il suffirait d'attendre en prenant quelques mesures appropriées pour sortir de la crise. Aucun de ces auteurs ne partage sans doute le point de vue écologiste que je développe ici, en particulier la singularité absolue de la situation actuelle. Du côté des « objecteurs de croissance », dont je suis, on appelle parfois le grand Albert Einstein à la rescousse par cette citation : « Nous ne pouvons pas résoudre nos problèmes avec la pensée que nous avions lorsque nous les avons créés. » Autrement dit, seul un nouveau regard sur les affaires du monde pourra éclairer, voire résoudre, les problèmes actuels. L'ambition de l'écologie politique est de porter ce regard salvateur, en particulier la vision d'une urgence qui raccourcit le temps. Plus précisément, cette urgence se scinde en deux postulats : il est trop tard pour éviter la catastrophe, mais plus tôt nous agirons, plus nous réduirons la violence du choc.

Il est temps d'introduire ici le terme de « décroissance », objet de nombreuses interprétations et railleries. La plupart des « objecteurs de croissance » présentent le mot « décroissance » comme une arme linguistique contre le conformisme intellectuel et politique. Il s'agit de choquer, de provoquer, d'inciter à réfléchir dans un autre cadre. Il faut « décoloniser l'imaginaire », dit Serge Latouche. Dans quel sens ? En poursuivant l'objectif d'une société de sobriété et de partage, dans laquelle l'empreinte écologique des pays industrialisés baisserait fortement tandis que les pays de Sud trouveraient une autre voie que celle de la « croissance », du productivisme et de l'industrialisme pour satisfaire leurs besoins et leurs désirs. Les richesses naturelles étant en quantités finies – et même au bord de l'épuisement pour certaines, non renouvelables, d'entre elles –, la seule solution pour vivre en paix est le partage équitable entre tous les humains. Ce projet renouvelle la question de la justice sociale et des rapports Nord-Sud sur une base écologique, dépassant ainsi la critique purement économique de la gauche traditionnelle qui souhaite une juste redistribution d'une production toujours croissante de richesses. Ce projet renouvelle aussi la démocratie par une participation active des citoyens, et la République par la promotion des valeurs d'autonomie, de solidarité et de responsabilité globale.

On le voit, la décroissance est autre chose que l'inverse arithmétique de la croissance, la récession. Cependant, bien qu'il n'y ait pas *a priori* de rapport de causalité entre le projet de civilisation porté par la décroissance et la récession économique, j'estime que cette dernière sera un passage fatal vers toute société de décroissance. Mieux, comme j'ai essayé de le dire plus haut, c'est sans doute la récession probable – voire la dépression – de l'économie libérale-productiviste qui sera le choc déterminant vers l'avènement de la décroissance comme projet accepté par une majorité, plutôt que le prosélytisme des militants de la décroissance choisie et de la simplicité volontaire. En effet, à la manière de Marx, je crois que ce sont les circonstances matérielles qui déterminent les consciences et non l'inverse. Notre existence sociale n'est pas déterminée par notre conscience, mais dépend plutôt d'une réalité qui nous dépasse : les rapports de production chez Marx, la géologie chez moi.

Amertume ou aspiration ?

Certains de mes amis soupçonnent que la catastrophe imminente que je présente comme nécessaire pour effectuer les changements sociaux auxquels j'aspire serait également un motif d'autosatisfaction puisque son advenue confirmerait enfin les thèses que je soutiens depuis longtemps[1], en position minoritaire dans le monde politique. « Nous n'y croyions pas, diraient les sceptiques actuels, mais c'est finalement lui qui avait raison. » Il y a peut-être là une part de vérité. Mais je suis trop rationnel pour espérer cela, pour souhaiter un désastre. Je sais qu'une catastrophe peut faire surgir le pire lorsqu'elle signifie la fin brutale de notre vie ordinaire. Je ne me vautre donc pas dans le désespoir, je ne me délecte pas de sarcasmes, je ne consens pas à la tragédie du monde qui s'écroule sous prétexte que, dans ce monde, je n'aurais pas atteint mes objectifs de pouvoir ou de reconnaissance. D'ailleurs, je ne cesse d'agir pour prévenir ou atténuer les conséquences de cet effondrement qui toucheraient aussi les membres de ma famille et

1. Thèses développées notamment dans ses trois ouvrages *Sauver la Terre* (avec Agnès Sinaï, Fayard, 2003), *Pétrole apocalypse* (Fayard, 2005) et *Antimanuel d'écologie* (Bréal, 2009).

moi-même. J'ambitionne plus simplement qu'un plus grand nombre de personnes – la majorité de nos concitoyens – soit aussi émotionnellement saisi que je le suis.

Mes propos ne sont pas fatalistes, pessimistes ou dépressifs, ils ne signifient pas la fin de la politique, au contraire : ce sont ceux qui nient la proximité de la catastrophe, ceux qui croient à la continuité, ceux qui s'enivrent de l'illusion de la croissance qui sont catastrophistes sans le savoir, par aveuglement. Mon message est un appel à une créativité, une inventivité, une imagination politique nouvelles, comme on en rencontre parfois lorsque l'histoire s'intensifie. Mais ces forces de raison, d'espoir et de réalisation d'un monde nouveau n'apparaîtront, hélas, qu'après la catastrophe, par un sursaut vitaliste de la jeunesse du monde.

Y. C.

Faire comme si le pire était inévitable

Jean-Pierre Dupuy

Question de méthode

Comment sera le monde dans dix ans ? Deux méthodes classiques nous sont offertes : la *prévision* et la *prospective.* La première traite le monde comme un système déterministe et cherche à en produire un modèle que l'on fait « tourner », à la manière dont les astronomes prédisent la position des astres à n'importe quel moment de l'avenir (ou d'ailleurs du passé). La deuxième méthode entend faire droit au libre arbitre des hommes et imagine divers scénarios qui sont autant de futurs possibles – des « futuribles », selon l'expression de Bertrand

---

Jean-Pierre Dupuy, philosophe, est professeur à l'École Polytechnique (Paris) et à l'Université Stanford.

de Jouvenel et de Gaston Berger –, le futur vrai, à savoir l'avenir, dépendant de la voie qui sera choisie.

Dans mon travail des dix dernières années, j'ai cherché à construire une troisième méthode, qui a consisté à réhabiliter la position du prophète, et singulièrement du prophète de malheur. Celui-ci fixe son regard sur le scénario du pire et l'annonce comme étant inévitable. Ce n'est donc ni prévision – le prophète ne prétend pas dire ce que sera effectivement l'avenir – ni prospective, puisque, un seul scénario étant considéré et annoncé comme étant non pas certain mais inévitable, il n'y a pas d'autre chemin possible.

La prophétie de malheur tient que le pire n'est pas certain mais qu'il est parfois utile de faire *comme si* il était inévitable. Comme le dit le poète argentin Jorge Luis Borges, « *El porvenir es inevitable, pero puede no acontecer* » [L'avenir est inévitable, mais il peut ne pas avoir lieu]. Pour donner sens à ce qui se présente comme paradoxal, il convient de distinguer soigneusement ces deux prédicats que sont le certain et le nécessaire, que l'on a trop tendance, dans la pensée de tous les jours, à assimiler l'un à l'autre.

La discussion que je vais mener relève de cette branche de la philosophie que l'on appelle métaphysique, et même de son rameau le plus difficile, la logique métaphysique. Pour ne pas rester dans l'abstrait, je vais présenter trois études de cas dont chacune représente une facette de la crise globale dans laquelle se trouve aujourd'hui engagée l'humanité : 1) la crise écologique et le concept de fortune morale ; 2) la crise financière et la question des catastrophes annoncées ; 3) la fatalité d'une guerre nucléaire et la dialectique du destin et de l'accident.

La crise écologique et la fortune morale

En conclusion de son film *Une vérité qui dérange* (2006), Al Gore formule des propos qu'un spectateur inattentif a tendance à tenir pour des lieux communs, alors qu'ils posent un problème philosophique considérable : « Les générations futures auront vraisemblablement à se poser la question suivante, conjecture l'ancien vice-Président américain après avoir montré les conséquences dramatiques que le changement climatique en cours produira si l'humanité ne se mobilise pas à temps : “À quoi pouvaient donc bien penser nos parents ? Pourquoi ne se sont-ils pas réveillés alors qu'ils pouvaient encore le faire ?” Cette question qu'ils nous posent, c'est *maintenant* que nous devons l'entendre. » Mais comment, dira-t-on, comment donc pourrions-nous recevoir un message en provenance de l'avenir ? Si ce n'est pas là simple licence poétique, que peut bien signifier cette inconcevable inversion de la flèche du temps ?

Les responsables de Greenpeace ont trouvé un moyen plaisant et efficace de poser la même question, sinon de la résoudre, lors du sommet raté de Copenhague sur le changement climatique (2009). Sur des affiches géantes, ils ont à leur manière répondu à la question que nous pose Yves Cochet en vieillissant de dix ans les principaux chefs de gouvernement d'aujourd'hui pour leur faire dire : « Je m'excuse. Il nous était possible d'éviter la catastrophe climatique. Mais nous n'avons rien fait. » Suivait l'injonction : « Agissez maintenant et changez l'avenir. » Ici encore, je doute que les participants à la rencontre, lisant cette formule, y aient vu autre chose qu'une façon banale de parler. Seuls quelques intellectuels excentriques – je suppose, des amateurs de science-fiction peut-être – ont perçu l'énorme paradoxe métaphysique que recèle l'expression « changer l'avenir ». Car de deux choses l'une : ou l'avenir est déjà ce qu'il sera lorsqu'il se réalisera, inscrit quelque part – sur le grand rouleau de Jacques le fataliste, disons –, mais alors il est impossible de le changer ; ou bien ce n'est pas le cas, l'avenir ne sera que lorsqu'il se présentera, c'est-à-dire deviendra (le) présent, mais alors il est privé de sens de vouloir le changer *maintenant*. Et pourtant, cette formule a l'air de dire quelque chose, et même quelque chose de profond. Mais quoi ?

Je pourrais multiplier les exemples. Que signifie cette prédilection pour les acrobaties métaphysiques ? Sans doute que devant des défis aussi gigantesques que ceux qui pèsent sur l'avenir de l'humanité, il est impossible de ne pas poser à nouveaux frais les grandes questions qui l'agitent depuis l'aube des temps. Ces manières de jouer avec le temps sont autant de façons de nous enjoindre de donner un poids de réalité suffisant à l'avenir. Car pour donner sens à l'idée que l'avenir nous regarde et nous juge *maintenant*, il faut bien que, d'une façon à déterminer, l'avenir soit dès à présent ce qu'il sera. Est-ce que cela implique le fatalisme ? Faut-il en déduire que tout est déjà écrit d'avance ? La réponse est négative, mais il faut beaucoup de travail théorique pour s'en convaincre[1].

Un concept controversé de la philosophie morale peut nous y aider : celui de *fortune morale*. Lorsque les conséquences d'une action que l'on envisage d'entreprendre sont grevées d'une très forte incertitude, que la nature de celle-ci interdit ou rend dérisoire

1. Par exemple, celui que j'ai tenté de faire dans mon livre *Pour un catastrophisme éclairé* (Le Seuil, 2002 ; nouvelle édition, coll. « Points » 2009).

le calcul probabiliste des conséquences, et qu'on ne puisse exclure une issue catastrophique, alors il n'est pas déraisonnable d'admettre que le jugement à porter sur l'action ne puisse être que rétrospectif – c'est-à-dire qu'il doive prendre en compte les événements postérieurs à l'action dont il était impossible de prévoir, même en probabilité, la survenue au moment d'agir. Pour bien comprendre pourquoi cette position est scandaleuse pour toute éthique qui se réduit à une pesée des coûts et des avantages – et le trop fameux principe de précaution n'est qu'une version sophistiquée de cette démarche –, imaginons une urne contenant des boules noires et blanches dans un rapport de deux noires pour une blanche. On tire une boule au hasard, qu'on replace ensuite dans l'urne. Il s'agit de parier sur sa couleur. Il faut évidemment parier sur noir. Soit un nouveau tirage, il faudra encore parier sur noir. Il faudra *toujours* parier sur noir, alors même que l'on anticipe que dans un tiers des cas en moyenne on est condamné à se tromper. Supposons qu'une boule blanche sorte et qu'on découvre donc que l'on s'est trompé. Cette découverte *a posteriori* est-elle de nature à altérer le jugement que l'on porte rétrospectivement sur la rationalité du pari que l'on a fait ? Non, bien sûr, on a eu raison de choisir noir, même s'il se trouve que c'est blanc qui est sorti. Dans le domaine des paris, il n'y a pas de rétroactivité concevable de l'information devenue disponible sur le jugement de rationalité que l'on porte sur une décision passée faite en avenir incertain ou risqué. C'est là une limitation du jugement probabiliste dont on ne trouve pas l'équivalent dans le cas du jugement moral.

Si le concept de fortune morale n'a pas toujours eu bonne presse, c'est qu'il a servi à justifier les pires abominations. L'avocat d'Adolf Eichmann au procès de Jérusalem, Robert Servatius, disait de son client : « Il a commis ce type de crimes qui vous valent les plus hautes décorations si vous gagnez et vous expédient au gibet si vous perdez. » Le général Curtis LeMay, le premier patron du Strategic Air Command, c'est-à-dire des forces aériennes américaines pendant la guerre du Pacifique, qui, en tant que tel, fut responsable de la destruction par bombes incendiaires de 70 villes du Japon impérial, le tout couronné par le largage de deux bombes atomiques sur Hiroshima et Nagasaki, eut un jour ce mot : « Si nous avions perdu la guerre, nous aurions été jugés et condamnés comme criminels de guerre. » Qu'est-ce qui fait qu'une même action est morale si on gagne et immorale si on perd ? Il y a cependant des cas où le concept de fortune morale pose moins de problèmes.

Dans la question qui nous occupe, on peut raisonner ainsi : l'humanité prise comme sujet collectif a fait un choix de développement de ses capacités virtuelles qui la fait tomber sous la juridiction de la fortune morale. Il se peut que son choix mène à de grandes catastrophes irréversibles ; il se peut qu'elle trouve les moyens de les éviter, de les contourner ou de les dépasser. Personne ne peut dire ce qu'il en sera. Le jugement ne pourra être que rétrospectif. Cependant, il est possible d'anticiper, non pas le jugement lui-même, mais le fait qu'il ne pourra être porté que sur la base de ce que l'on saura lorsque le voile de l'avenir sera levé. Il est donc encore temps de faire que jamais il ne pourra être dit par nos descendants : « Trop tard ! ». Un trop tard qui signifierait qu'ils se trouvent dans une situation où aucune vie humaine digne de ce nom n'est possible. « Nous voici assaillis par la crainte désintéressée pour ce qu'il adviendra longtemps après nous – mieux, par le *remords anticipateur* à son égard », écrit le philosophe allemand Hans Jonas[1], à qui nous devons le concept d'*éthique du futur* : non pas l'éthique qui prévaudra dans un avenir indéterminé, mais bien toute éthique qui érige en impératif absolu la préservation d'un futur habitable par l'humanité. C'est *l'anticipation de la rétroactivité du jugement* qui fonde et justifie cette

1. Hans Jonas, *Pour une éthique du futur* (Rivages poche, 1998, p. 103).

forme de « catastrophisme » que j'ai nommée, par goût de la provocation, le catastrophisme éclairé. La signature formelle en est cette boucle remarquable qui rend solidaires l'avenir et le passé.

Nous sommes ici très loin de cette autre banalité, refuge des esprits paresseux, bien qu'elle figure désormais dans le préambule de la Constitution française : le « souci pour les générations futures ». Outre que ce souci n'a aucune vraisemblance psychologique, dès lors qu'il porte sur plus de deux générations, il n'a jamais été possible de le fonder philosophiquement[1]. Les grands esprits qui ont tenté de le faire ont toujours tenu pour évidente cette prémisse que l'avenir a besoin de nous, gens du présent, la raison en étant l'irréversibilité du temps. Dans les affaires humaines, cependant, où la question du sens est centrale, cette irréversibilité est loin d'être une donnée indépassable, car c'est l'avenir qui donne sens au passé. Jean-Paul Sartre disait que tant qu'il existera des hommes, libres et responsables, le sens de la Révolution française sera toujours en suspens. Si par malheur nous devions détruire toute possibilité d'un avenir vivable, c'est

1. Témoin, l'échec dans ce domaine du traité de philosophie morale et politique le plus ambitieux du XXe siècle, John Rawls, *Théorie de la justice* [1971] (Le Seuil, 1987).

tout le sens de l'aventure humaine, depuis la nuit des temps, que nous réduirions à néant. C'est donc nous qui avons besoin de l'avenir, beaucoup plus que l'inverse.

La crise financière et les catastrophes annoncées

On interviewait Borges pour la n-ième fois : « Parlez-nous de vous, Monsieur Borges. – Vous parler de moi ? Mais je ne sais rien de moi, je ne connais même pas la date de ma mort ! » Nous plaçant à la date de l'interview, nous pouvons quant à nous recourir au *futur antérieur*, ce temps miraculeux qui transforme l'avenir en passé, et dire : lorsque Borges mourra, sept ans et trois mois se seront écoulés depuis qu'il a prononcé ces paroles mémorables. Mais c'est un luxe qui était inaccessible à l'intéressé.

Je m'intéresse ici au cas de catastrophes dont la survenue est inévitable, mais pour lesquelles nous ne connaissons ni l'heure ni le jour. *Le temps qui nous reste* est une pure inconnue. L'exemple paradigmatique est évidemment, pour chacun d'entre nous, celui de sa mort. Pourquoi l'être humain est-il à ce point hanté par le problème du temps si ce n'est qu'il sait que sa mort est inévitable ? Ce n'est pas la mort en général qui est son souci premier, mais sa propre mort, la mort-propre, la mort en première personne : *ma mort* !

L'expérience de *ma* mort n'existerait pas si une vie humaine n'était ponctuée de « petites morts », des ruptures qui marquent la fin d'une période, d'un cycle ou d'une phase, et qui sont souvent vécues comme des « catastrophes », non nécessairement au sens de désastres, mais aux sens narratif et mathématique : des vacances qui se terminent, un amour qui se rompt, une guerre qui s'achève. La mort-propre est l'exemple suprême d'une catastrophe annoncée, mais il en est beaucoup d'autres. C'est le temps d'attente qui nous sépare d'une catastrophe dont la survenue est inévitable qui fait l'objet de mon propos.

La forme paradoxale que prend le temps dans ces cas peut être décrite ainsi : la survenue de la catastrophe est une surprise, mais le fait que ce soit une surprise, lui, n'est pas ou ne devrait pas être une surprise. On sait qu'on se dirige inexorablement vers le terme, mais le terme n'étant pas connu, on peut toujours espérer qu'il n'est pas encore proche, jusqu'à ce qu'il nous saisisse à l'improviste. Le cas intéressant qui va m'occuper est celui où plus on avance, plus on a des raisons *objectives* de penser que le temps *qui reste* avant qu'on touche le terme *s'accroît* – comme si le terme s'éloignait plus rapidement qu'on ne s'en approche. C'est au moment où, sans le savoir, on est le plus proche du terme qu'on a des raisons parfaitement objectives de croire qu'on en est le plus éloigné. La surprise est totale mais, puisqu'on sait à l'avance tout ce que je viens de dire, on ne devrait pas être surpris d'être surpris. Le temps tire alors dans deux directions opposées. D'un côté, on sait que plus on progresse, plus on se rapproche du terme. Mais celui-ci étant inconnu de nous, peut-on vraiment le tenir pour fixe ? Dans les cas que je considère, plus on avance sans que le terme soit visible, plus on a des raisons objectives de penser qu'une bonne étoile a choisi pour nous un terme éloigné.

Comme illustration, je prends d'abord, précisément, l'espérance de vie à un âge donné, c'est-à-dire le nombre moyen d'années qui restent à vivre à quelqu'un qui a l'âge en question. On est tenté de dire que ce temps qui reste diminue à mesure qu'on avance en âge, mais cela n'est pas nécessairement vrai. L'espérance de vie d'un enfant d'un certain âge, c'est-à-dire le nombre moyen d'années qui lui reste *encore* à vivre, peut *augmenter* avec l'âge. Le fait qu'il a passé le stade critique des premières années de la vie est le *signe* que sa constitution est robuste et donc qu'il vivra longtemps. Le savoir (qu'on se rapproche inexorablement du terme en vieillissant) et l'inférence (le terme recule plus vite qu'on ne s'en approche) tirent sur la corde de la vie dans des directions opposées. Le même constat prévaut pour les survivants de certains accidents de santé – AVC ou certains cancers : plus on s'éloigne de l'événement originel, moins la probabilité d'une récidive est forte, plus le nombre moyen d'années encore à vivre augmente, jusqu'à un certain point.

Même moins tragique, le cas de la crise financière est éminemment instructif. À en croire les économistes, les mécanismes qui ont conduit à la crise présente sont en gros élucidés. Tout s'explique rétrospectivement, ou presque. Et, cependant, la crise a frappé tout le monde par surprise. Qui imaginait durant l'été 2007, et même au printemps 2008, qu'une crise très localisée dans le secteur du marché des emprunts hypothécaires aux États-Unis allait faire vaciller sur sa base tout le système financier mondial ? Il y a donc eu un effet de surprise considérable, mais le fait qu'il y ait eu cette surprise, lui, ne fut pas, ou en tout cas, n'aurait pas dû être une surprise. L'éclatement de la bulle ne pouvait pas ne pas se produire.

Benoît Mandelbrot, ce génial mathématicien à qui nous devons l'un des concepts les plus originaux inventés par le XXe siècle, celui de *forme fractale*, a montré dès les années soixante-dix que le temps de la spéculation financière, plus précisément le temps dont le spéculateur estime disposer avant que la bulle n'éclate – et il sait que, inévitablement, cette catastrophe se produira tôt ou tard – *augmente* à mesure que le temps passe sans qu'elle n'éclate. C'est donc au moment qui précède juste son éclatement qu'il se montre le plus optimiste. J'ai étudié un cas très particulier, mais qui manifeste le même *pattern*, celui de l'escroc Bernard Madoff. Plus sa « pyramide » de Ponzi s'évasait avec l'apport permanent et croissant de nouveaux clients, plus il avait de raisons de supposer que la pyramide allait continuer de le faire. Et pourtant, il ne pouvait ignorer que le terme viendrait et que tout son système s'écroulerait alors comme un château de cartes. La surprise fut d'autant plus terrible que le schème avait marché longtemps.

La question que j'ai particulièrement étudiée est la suivante : que dicte la prudence dans de tels cas ? La prudence dicte ici une maxime : plus on a de raisons objectives d'être optimiste, plus on se doit d'être catastrophiste et de se tenir sur ses gardes, car le terme est sans doute proche.

Cette injonction contradictoire se résout en théorie en comprenant que l'optimisme est rationnel à un niveau et le catastrophisme à un autre, qui transcende le premier, en ce qu'il consiste à prendre le point de vue du parcours déjà achevé et non dans son déroulement. Puisque je sais que, inévitablement, je mourrai, je suis sûr que viendra un temps où je ne serai plus mais où *j'aurai été* (futur antérieur). C'est cette forme de prudence que j'ai nommée le « catastrophisme éclairé ». Elle implique de se projeter par la pensée *après* la survenue de l'événement catastrophique et à contempler le chemin parcouru depuis ce point de vue qui conjoint la surprise et la certitude de la surprise.

Le catastrophisme éclairé, c'est l'utilisation judicieuse de cette forme grammaticale si intéressante que le français nomme futur antérieur et l'anglais *future perfect*. Qu'est-ce que le futur antérieur a de parfait que n'aurait pas le futur ordinaire ? Il réussit le prodige de donner à l'avenir une propriété que le passé entendait se réserver : la fixité. Vladimir Jankélévitch, dans *L'Irréversible et la Nostalgie* : « Celui qui a été ne peut plus désormais ne pas avoir été : désormais ce fait mystérieux et profondément obscur d'avoir été est son viatique pour l'éternité. » Lamartine, dans *Le lac* : « Que le vent qui gémit, le roseau qui soupire,/Que les parfums légers de ton air embaumé,/Que tout ce qu'on entend, l'on voit ou l'on respire,/Tout dise : Ils ont aimé ! »

La fatalité d'une guerre nucléaire et la dialectique du destin et de l'accident

Un homme avait coutume de jeter de la poudre chasse-éléphants depuis la fenêtre de son compartiment de chemin de fer. Quand on lui demandait pourquoi il faisait cela puisqu'il n'y avait pas d'éléphants sur la voie, il répondait : « Vous voyez bien que ma poudre est efficace ! » La légende selon laquelle la dissuasion nucléaire aurait évité à l'humanité de disparaître dans un feu d'artifice atomique relève de la même logique absurde. Dans le documentaire extraordinaire qu'il a réalisé sur la vie et les œuvres de Robert McNamara, sous le titre ô combien clausewitzien *The Fog of War* (2003), le cinéaste américain Erroll Morris demande à celui qui fut le secrétaire à la Défense de John F. Kennedy ce qui, selon lui, explique que l'humanité ne se soit pas fait sauter dans un holocauste nucléaire pendant le presque demi-siècle de guerre froide, alors même que les deux grandes puissances nucléaires se menaçaient en permanence d'anéantissement mutuel. La dissuasion ? Quelle plaisanterie ! La réponse de McNamara illustre l'extraordinaire inventivité dans la concision que manifeste la langue anglaise : « *We lucked out* ! » Nous nous en sommes sortis [*out*] par la chance [*luck*]. Vingt-cinq, trente fois durant cette période nous sommes passés à un cheveu de l'apocalypse, à une minute de minuit. C'est la chance, le hasard, qui nous a sauvés. Mais les choses auraient pu se passer autrement. Mieux, si je puis dire : elles auraient *dû* se passer autrement.

La dissuasion nucléaire implique que chaque nation offre aux possibles représailles de l'autre sa propre population en holocauste. La sécurité y est fille de la terreur. Si l'une des deux nations se protégeait, l'autre pourrait croire que la première se croit invulnérable et, pour prévenir une première frappe, frapperait la première. Cette logique a reçu un nom approprié : MAD (« fou » en anglais), pour « *Mutually Assured Destruction* ». On dit en français : « Vulnérabilité mutuelle ». Les sociétés nucléaires se présentent comme à la fois vulnérables et invulnérables. Vulnérables, puisqu'elles peuvent mourir de l'agression d'un autre ; invulnérables, car elles ne mourront pas avant d'avoir fait mourir leur agresseur, ce dont elles seront toujours capables, quelle que soit la puissance de la frappe qui les fait s'effondrer.

Or, tout au long de la guerre froide, deux types d'arguments ont été débattus, qui semblaient montrer que la dissuasion nucléaire sous sa forme MAD ne pouvait être efficace. La première raison portait sur le caractère non crédible de la menace dissuasive : pourvu que le sujet qui menace son adversaire de déclencher une escalade mortelle et suicidaire si ses « intérêts vitaux » sont mis en danger soit doté d'une rationalité minimale, placé au pied du mur – disons après une première frappe qui a détruit une partie de son territoire –, il ne mettra pas sa menace à exécution. Le principe même de MAD est l'assurance d'une destruction mutuelle si l'on s'écarte de l'équilibre de la terreur. Quel chef d'État, victime d'une première frappe, n'ayant plus qu'une nation dévastée à défendre, prendrait par une seconde frappe vengeresse le risque de mettre fin à l'aventure humaine ? Dans un monde d'États souverains dotés de cette rationalité minimale, la menace nucléaire n'est absolument pas crédible.

Cependant, un autre argument, d'une nature très différente, fut mis en avant, qui concluait également à l'impuissance de la dissuasion nucléaire. Pour être efficace, la dissuasion nucléaire doit être absolument efficace. En effet, un échec ne saurait être admis, puisque la première bombe lancée serait la bombe de trop. Mais si la dissuasion nucléaire est absolument efficace, alors elle n'est pas efficace. En général, une dissuasion ne marche que si elle ne marche pas à cent pour cent. (Que l'on songe au système pénal : il faut des transgressions pour que tous soient convaincus que le crime ne paie pas.) Mais ici, la première transgression est une transgression de trop. La dissuasion nucléaire n'est donc pas efficace pour une seconde raison : une dissuasion absolument efficace s'autoréfute ; or la moindre erreur est fatale.

Tardivement, certains comprirent qu'il n'est nul besoin d'échange de menaces pour rendre la dissuasion nucléaire efficace. La simple existence d'arsenaux se faisant face, sans que la moindre menace de les utiliser soit proférée ou même suggérée, suffisait à ce que les jumeaux de la violence se tiennent cois. L'apocalypse nucléaire ne disparaissait pas pour autant du tableau. Sous le nom de dissuasion « existentielle », la dissuasion apparaissait désormais comme un jeu extrêmement périlleux consistant à faire de l'anéantissement mutuel un *destin*. Dire qu'elle fonctionnait signifiait simplement ceci : tant qu'on ne le tentait pas inconsidérément, il y avait une chance que le destin nous oublie – pour un temps, peut-être long, voire très long, mais pas infini.

En définitive, à en croire la théorie de la dissuasion existentielle, si la dissuasion nucléaire a maintenu un temps le monde en paix, c'est en projetant le mal hors de la sphère des hommes, en en faisant une extériorité maléfique mais *sans intention mauvaise*, toujours prête à fondre sur l'humanité, mais sans plus de méchanceté qu'un tremblement de terre ou un tsunami, avec cependant une puissance destructrice capable de faire pâlir la nature d'envie. Cette menace suspendue au-dessus de leurs têtes aurait donné aux princes de ce monde la prudence nécessaire pour éviter l'abomination de la désolation qu'eût été une guerre thermonucléaire les détruisant les uns et les autres et le monde avec eux.

Nous étions partis d'une situation *stratégique*, c'est-à-dire de guerre, où des hommes ou des peuples tentent d'imposer leur volonté à d'autres, et nous nous retrouvons dans la situation d'une catastrophe naturelle. Il convient d'analyser cet étrange retournement.

Les deux arguments invoqués nous convainquent qu'aucune des puissances nucléaires n'a le pouvoir de dissuader les autres. *Et pourtant, toutes ont intérêt à être dissuadées.* Comment résoudre ce paradoxe ? David K. Lewis, probablement le plus grand métaphysicien du XXe siècle, a défini la dissuasion existentielle d'une formule : « On ne s'amuse pas à taquiner un tigre. C'est aussi simple que cela[1]. »

1. David K. Lewis, « *Finite Counterforce* » in Henry Shue (ed.), *Nuclear Deterrence and Moral Restraint* (Cambridge, Cambridge University Press, 1989). Une différence remarquable entre les situations française et américaine,

Il faut prendre cette image au sérieux. La solution consiste à ce qu'ensemble, les puissances créent une entité fictive mais néanmoins effrayante, un tigre symbolique, prêt à tout moment à les déchirer, *sans aucune raison ou motif particulier.* Ce tigre, c'est évidemment leur violence, extériorisée, chosifiée.

Pour échapper au paradoxe de l'autoréfutation d'une dissuasion réussie, il faut que la réalité de l'apocalypse nucléaire soit comme inscrite dans l'avenir, telle une *fatalité* ou un *destin.* C'est ainsi que raisonnent les théoriciens de la dissuasion existentielle, en usant de ces mots surprenants de la part de penseurs ou de stratèges « rationnels ». Mais qu'on y songe : si ce programme était réalisé, c'est-à-dire si l'anéantissement nucléaire était *vraiment* notre destin, nous aurions complètement raté notre objectif, qui est de faire que l'apocalypse nucléaire n'ait pas lieu ! La condition qui rend la dissuasion efficace s'autoréfute à son tour. Nous avons simplement déplacé le paradoxe, mais il est toujours avec nous.

---

qui n'est pas à l'honneur de la pensée française, est que certains des plus grands philosophes et logiciens d'outre-Atlantique se sont employés à *penser* la dissuasion nucléaire.

Pour en sortir, il faut prendre au sérieux, mieux qu'il ne le fait lui-même, ce que nous dit Robert McNamara dans ses *Mémoires* ou dans le documentaire *The Fog of War* : plusieurs dizaines de fois au cours de la guerre froide, il s'en est fallu de très peu que l'humanité ne disparaisse en vapeurs radioactives. Échec de la dissuasion ? C'est tout le contraire : ce sont précisément ces incursions dans le voisinage du trou noir qui ont donné à la menace d'anéantissement mutuel son pouvoir dissuasif. « *We lucked out* », mais c'est ce flirt répété avec l'apocalypse qui, en un sens, nous a sauvés. Il faut des accidents pour précipiter le destin apocalyptique mais, contrairement au destin, un accident *peut* ne pas se produire.

Au cœur de la dissuasion existentielle on trouve la dialectique du destin et de l'accident. Il s'agit de tenir l'apocalypse nucléaire pour un événement *tout à la fois nécessaire et improbable.* Cette figure est-elle si nouvelle ? On y reconnaît sans peine la figure du tragique. Lorsque Œdipe tue son père au carrefour fatal, lorsque Meursault, l'« Étranger » de Camus, tue l'Arabe sous le soleil d'Alger, ces événements apparaissent à la conscience et à la philosophie méditerranéennes tout à la fois comme des accidents et comme des fatalités : *le hasard et le destin viennent à s'y confondre.*

L'accident, qui fait signe vers le hasard, est le contraire du destin, qui fait signe vers la nécessité, mais sans ce contraire, le destin ne viendrait pas à s'accomplir. Un disciple de Jacques Derrida dirait que l'accident est le *supplément* du destin, au sens où il est à la fois son contraire et sa condition de possibilité.

Si nous refusons cette conversion (*metanoïa*) que serait le renoncement complet et simultané de tous à la violence, il nous reste ce jeu risqué qui consiste à jouer constamment avec le feu : pas trop près, de peur que nous y périssions carbonisés ; mais pas trop loin non plus, de peur que nous oubliions le danger. Il ne nous faut ni trop croire au destin ni trop refuser d'y croire : il faut croire à la métaphysique du destin exactement comme on croit à une fiction.

En guise de conclusion

J'espère avoir montré que le type d'incertitude qui est lié aux événements extrêmes, qu'ils soient naturels ou moraux, exige des concepts complètement nouveaux. Convaincu que les mots possèdent une sagesse que n'ont pas toujours ceux qui les utilisent, je ne résiste pas à la tentation de me référer, pour conclure, à la controverse qui entoure l'étymologie de ce mot étrange : « risque », qui sert aujourd'hui de viatique à tous ceux qui tentent de penser l'incertitude de l'avenir. D'un côté, il y a ceux qui, avec Wartburg, le font dériver de l'ancien italien *risco*, lui-même issu du latin *resecum*, « ce qui coupe » – d'où les sens de « rocher escarpé », « écueil » et, finalement, de « risque encouru par une marchandise transportée par un bateau » : donc, l'accident. Mais, de l'autre, on trouve ceux qui, avec Guiraud, pensent qu'« il n'y a pas le moindre commencement de preuve à ce roman nautique » et font dériver le mot du latin *rixare,* « se quereller ». Le risque, c'est ce qui émerge du conflit humain – la rixe – lorsque, ainsi que Clausewitz en a fait la théorie, il monte aux extrêmes et, tel un destin indifférent, mène les violents à la destruction mutuelle. Les catastrophes naturelles et les catastrophes morales, de plus en plus, seront indiscernables. C'est la leçon apocalyptique par excellence.

J.-P. D.

Où va le monde?
Dans le mur, si nous laissons faire

Susan George

Dans un livre que j'ai publié en 2010[2], j'envisage le monde et l'organisation du monde aujourd'hui en termes de cercles concentriques, et je vois l'organisation actuelle comme la domination absolue, dans un premier cercle, de la finance. Nous en avons de très nombreuses preuves, ne serait-ce que parce que nous avons dépensé 14 000 milliards de dollars en Occident – c'est le chiffre de la Banque d'Angleterre – pour sauver les banques et remettre le système financier et le *statu quo ante* en place depuis le début de la crise financière en septembre 2008. Soit, apprécié en secondes par dollar, 450 000 ans.

Susan George est essayiste politique. Militante altermondialiste, elle est l'un des fondateurs d'Attac, dont elle est la présidente d'honneur.

2. *Leurs crises, nos solutions*, Paris (Albin Michel, 2010).

Le chiffre de la Banque d'Angleterre est dépassé désormais. En juillet 2011, le Government Accountability Office (GAO) a publié le premier audit jamais entrepris de la Réserve fédérale qui révélait des prêts et garanties d'urgence de 16 000 milliards de dollars aux banques américaines et étrangères (dont la BNP-Paribas, la Société générale, Dexia...). Un chercheur indépendant, James Felkerson, a publié en décembre 2011 une étude qui inclut les prêts de la Réserve fédérale aux autres banques centrales de l'Europe et du Japon et qui arrive au chiffre total ahurissant de 29 000 milliards en prêts et garanties en relation avec la crise[1].

Les peuples ont maintenant l'obligation de continuer à payer, les uns par leurs retraites, les autres par la baisse du nombre de fonctionnaires et de leurs salaires, ou par ses services publics. Nous sommes donc aussi en pleine crise morale, où l'on récompense les coupables et l'on punit les innocents. Je ne vois

1. Voir GAO Reports to Congressional Adressees, « Federal Reserve System : Opportunities exist to strengthen policies and Processes for Managing Emergency Assistance », juillet 2011 et James Felkerson, « 29 000 000 000 000 : a detailed look at the Fed's bailout by funding facility and recipient », Levy Economics Institute of Bard College, Working paper 698, décembre 2011.

pas de raison que cela s'arrête, car on a convaincu les banques qu'on allait les sauver quoi qu'elles fassent, quelles que soient leurs incartades et quels que soient les risques qu'elles prennent. Elles ont donc tout encouragement pour en reprendre, et je prévois, dans les dix ans qui viennent, une autre crise financière qui sera plus dévastatrice encore. Je ne sais pas si cela viendra du dollar, je ne sais pas si cela viendra d'une autre monnaie ou d'une combinaison d'autres facteurs, mais je pense qu'on peut être à peu près sûrs que « l'économie casino » va encore faire des ravages.

Le deuxième cercle, pour moi, c'est celui de l'économie réelle, c'est-à-dire celle qui n'arrive pas à faire marcher ses PME-PMI – et de ce fait l'emploi – parce que les grandes banques accaparent tous les capitaux. La Banque centrale européenne prête aux grandes banques à un taux qui avoisine 1 % ou moins. Ces banques re-prêtent alors surtout aux très grandes entreprises à 3-4 %, et aux États, en particulier ceux de la périphérie européenne comme l'Irlande, le Portugal ou l'Espagne, à des taux qui peuvent excéder les 8 %, prouvant qu'il est tout à fait possible dans le domaine financier de continuer à faire des profits colossaux. Ce n'est pas difficile quand on emprunte à 1 % et prête à 6 ou 8 %. Est-ce que l'on peut changer la Banque centrale européenne, qui devrait prêter directement aux États membres ? Politiquement, ce sera très difficile puisqu'elle est statutairement protégée contre toute ingérence politique que ce soit. Et elle est néolibérale jusqu'à la moelle des os.

Quant à l'euro, aucun État membre de ce système monétaire n'a à mon sens intérêt à en sortir, y compris l'Allemagne. Si celle-ci retournait au deutschemark, cette monnaie serait perçue comme un investissement en béton et immédiatement évaluée aux environs de deux euros. Aussi l'Allemagne casserait-elle son boum d'exportation et tuerait-elle la poule aux œufs d'or. Je ne vois pas non plus l'intérêt de l'Allemagne à forcer les États plus petits et plus faibles à sortir de l'euro, car ils seraient immédiatement écrasés par les spéculateurs et subiraient des inflations incroyables, etc. Les États seraient incapables de rembourser leurs dettes et pour les peuples ce serait terrible. Ce serait comme l'Argentine en 2001-2002. Cela nuirait à l'Europe toute entière, mais avant tout aux banques allemandes (et françaises, d'ailleurs) qui possèdent beaucoup d'obligations irlandaises, grecques, etc. L'Allemagne semble très contente de laisser sa presse populaire répandre le message « Nous sommes les fourmis et nous refusons de payer pour ces cigales qui sont les gouvernements européens irresponsables », mais en réalité cela ne lui coûte pas très cher de sauver ses propres banques et ses clients en garantissant et en abondant le Fonds européen de stabilité financière (FESF), pour ne pas parler de la construction européenne elle-même.

L'économie réelle, elle, va continuer à être affamée de crédits pour les PME-PMI. Comme celles-ci fournissent 90 % de l'emploi en Europe, le chômage va rester à un niveau hélas élevé. Il y aura de petites compensations pour les chômeurs, mais ils seront de plus en plus relégués. Les inégalités vont continuer à croître comme elles le font depuis trente ans, mais d'une manière encore plus grave et qui était jusque-là inconnue en Europe. Aux États-Unis on voit déjà des gens absolument largués par la société, dix millions de familles ont perdu leur logement… Nous sommes encore relativement protégés en Europe, mais la tendance générale est à la réduction de la protection dans l'économie réelle.

Pour mon troisième cercle, la société, qui inclut l'État, je vois un grand combat autour de tout ce qui fut l'idée, l'esprit des Lumières. Je nous vois en train de perdre l'une des grandes conquêtes de l'humanité, c'est-à-dire le triomphe des Lumières, de l'idée de liberté, du citoyen qui s'est manifesté dans la Déclaration des Droits de l'homme et du citoyen de 1789 puis dans la Déclaration universelle de 1948, mais aussi dans la liberté de la presse, de religion, d'opinion, et dans toutes les innovations de la démocratie et de la justice, comme la protection des innocents et, petit à petit, la protection sociale. Cette idée des Lumières est combattue à la fois par l'Asie, qui n'en a rien à faire, par les néolibéraux, et aux États-Unis par le Tea Party et tous ceux qui refusent l'assurance santé pour des raisons idéologiques. Cette belle idée des Lumières, j'ai peur qu'elle ne soit, avec la démocratie elle-même, la grande perdante de notre époque et de notre prétendue avancée.

Enfin, dans le monde actuel, le dernier cercle c'est l'écologie, la planète. C'est objectivement la moins importante. C'est là que l'on prend ses matières premières, que l'on rejette ses déchets, y compris son CO_2 et autres gaz à effets de serre. Je crains le pire évidemment à cause de ce quatrième cercle. Cela a été abondamment examiné plus haut, mais j'ajouterai mon grain de sel parce qu'il y a du nouveau. L'accélération, l'emballement que beaucoup ont annoncés ont à mon avis commencé. La glace du Groenland – pas seulement le permafrost mais aussi la glace terrienne – est en train de fondre avec une rapidité que personne n'avait imaginée : on l'avait prévu pour 2100, puis 2050, ensuite 2035... Début décembre 2010, j'ai vu à Berlin un Groenlandais qui m'a dit : « Je suis venu à Berlin pour retrouver le froid, car au Groenland il fait + 7° C, les rivières coulent comme jamais auparavant », et lui prévoit, pour des raisons qui seraient trop longues à expliquer, la disparition des glaces terriennes en 2020. Cela signifie une augmentation immédiate du niveau des mers, la fonte des permafrosts tout autour du cercle polaire et, comme on le sait, le méthane qui s'en échappe est vingt fois plus puissant que le CO_2.

Avec la société, la finance, l'économie, il est parfois possible, au prix d'un immense effort politique et de mobilisations, de retourner en arrière et de dire : « On s'est trompé et il faut se réorganiser du tout au tout. » Avec le climat, ce n'est pas possible, on ne peut pas dire « On s'est trompé, on va faire mieux la prochaine fois », parce que quand l'emballement a pris, on sort du graphique des économistes qui voient 1 + 1 + 1 + 1, qui font une très belle ligne droite, selon une progression continue, sur leurs graphiques… Ça fait 1 + 1 + 1, et puis il y a un 1 qui vient s'ajouter, et la courbe prend une forme asymptotique qui lui fait complètement quitter le graphique.

Je souhaiterais ajouter quelque chose sur les conflits qui ne manqueront pas de se produire à cause du réchauffement climatique. Apparemment, personne au pouvoir ne prend la mesure de ces migrants climatiques qui vont faire tout leur possible pour arriver chez nous. Cela m'amène à mon *Rapport Lugano* écrit en 1999, où j'essayais de montrer qu'il s'agissait de choisir entre un système qui serait plus juste et efficace – avec une économie qui ne serait pas organisée selon les principes capitalistes, qui n'irait pas vers de plus en plus d'inégalités, de plus en plus d'accaparements de ressources – et un système totalement autoritaire qui aurait pour mission de réduire drastiquement la population, non par des méthodes hitlériennes, trop visibles, mais en laissant courir le sida, l'extrême pauvreté, les famines et ainsi de suite. C'était une fiction, bien sûr, mais j'avais voulu poser le problème en termes extrêmement clairs, sévères et graves. À mon sens, il faut choisir entre le capitalisme et le fait de continuer à laisser vivre les populations. On ne peut pas avoir les deux.

Il y a cette fameuse et merveilleuse phrase d'un homme des Lumières, qui disait : « "Tout pour nous-mêmes et rien pour les autres" semble avoir été à toutes les époques du monde la vile maxime des maîtres de l'humanité. » C'est le diagnostic que portait Adam Smith, qui connaissait un rayon au capitalisme, sur les capitalistes de son époque. Alors, soit on accepte d'avoir une solution autoritaire, grâce à laquelle survivront les plus aptes et surtout les plus riches, qui seront les plus protégés, soit il va falloir changer de méthode et de destination.

J'avais l'espérance sans doute naïve, vers avril 2009, à l'époque de la réunion du G20 à

Londres, que l'on pourrait – que nos dirigeants pourraient – enfin comprendre que le moment était venu de résoudre la crise écologique et la crise des inégalités et de la pauvreté en utilisant la crise de la finance, en mettant les banques et le système financier sous contrôle et en faisant une conversion massive vers l'économie verte. Évidemment, nous avons pris le chemin tout à fait opposé. Tant qu'ils avaient peur, comme en 2009, nos dirigeants parlaient de « développement durable », des « Objectifs du millénaire », de s'occuper des paradis fiscaux, etc. Dès que la menace immédiate a semblé s'écarter, que cela commençait à aller un peu mieux, ce fut évidemment le retour au « *business as usual* » ; les affaires continuent. Mais je persiste à penser que des possibilités existent.

Dans mon dernier livre *Leurs crises, nos solutions*, le plus long des chapitres concerne les solutions. Nous possédons dès à présent toutes les techniques, les connaissances, les personnes, tout ce qu'il nous faut pour opérer les changements nécessaires. Je vois aussi une possibilité de reprendre le contrôle du secteur financier s'il y a une autre crise financière – mais à quel prix ? Plus on attend, plus il nous en coûtera cher. Mais si cette conversion vers une économie verte est une sortie possible, il faut le faire très vite et très massivement. Je pense que le « nous »

– dans lequel j'inclus non seulement les chercheurs, mais aussi les paysans, tous les salariés et pourquoi pas de nombreuses PMI-PME, les syndicalistes, beaucoup d'intellectuels, les mouvements sociaux et altermondialistes, les environnementalistes, les associations de solidarité à travers le monde – grandit de plus en plus. Je pense que la conscience qu'ont les gens de la gravité de la situation augmente, de façon probablement exponentielle. Nous voyons des initiatives absolument partout. On ne peut pas dire qu'il y ait encore une vaste coalition consciente de sa force potentielle. Toutefois, on peut dire que la seule chose bien qui soit peut-être sortie du sommet sur le climat de Copenhague, c'est que le mouvement social et le mouvement écologique ont compris qu'ils devaient travailler ensemble, car ils poursuivent les mêmes objectifs.

L'objectif premier n'est rien de moins que d'inverser l'ordre des cercles concentriques que j'ai décrit plus haut, de manière à ce que la planète soit reconnue en quelque sorte comme la « loi suprême ». Car on ne peut jamais gagner une guerre contre la nature. Ensuite viendrait le cercle de la société, qui devrait être en mesure de décider démocratiquement comment elle souhaite s'organiser – ce qui donnerait une grande socio-diversité, d'ailleurs. L'économie réelle servirait les besoins de chaque société. Enfin, la finance, le plus petit et le moins important des cercles, serait simplement un outil au service de l'économie. C'est une tâche colossale, jamais entreprise dans toute l'histoire de l'humanité, mais indispensable. Je voudrais que, pour y arriver, tout le monde saisisse la nécessité de forger des alliances les plus larges possibles contre ce que j'appelle la «classe de Davos», qui ne représente qu'une minuscule fraction de l'humanité. Cela ne se fera sans doute pas sans ce que le vieux barbu appelait « la lutte des classes », malheureusement. Nous ne pouvons pas faire l'économie d'une véritable lutte contre le système économique, parce qu'il est l'incarnation des tendances qu'Yves Paccalet a mises en lumière : accroître toujours son territoire, accroître toujours sa domination et se reproduire, c'est un système qui ne peut s'arrêter.

Je vous laisse avec l'idée que nous savons quoi faire. Nous avons le nombre, nous avons les idées, il nous manque l'organisation, il nous manque d'avoir fait prendre la mayonnaise, il nous manque la conscience de notre force; il nous manque un programme qui pourrait être très large mais qui serait, je crois, assez facile à accepter par les uns et par les autres dans les très grandes lignes. Mais ce choix, c'est maintenant, pas plus tard.

S. G.

La chute de l'Empire romain n'aura pas lieu, mais l'Europe de Charlemagne va éclater

Serge Latouche

« Où va le monde ? » au cours de la décennie qui vient et, plus précisément, concernant les économistes, « quel sera le futur de l'économie à moyen terme ? » L'exercice qui nous est demandé est rigoureusement impraticable. Impossible de prévoir l'économie (et encore moins la politique) à l'horizon de cinq ans. Keynes l'avait déjà dit : au-delà de trois mois, on ne sait rien. Comme je ne possède pas de compétences particulières pour jouer les Madame Soleil, je me propose plutôt de faire l'exercice poétique d'un scénario de science-fiction : brosser un tableau impressionniste sous la forme d'une mosaïque

---

Serge Latouche est Professeur émérite d'économie à l'université d'Orsay (Paris), objecteur de croissance.

ou d'un puzzle comportant des trous ou des blancs en divers endroits. C'est pourquoi j'ai intitulé mon exposé : «La chute de l'Empire romain n'aura pas lieu, mais l'Europe de Charlemagne va éclater.»

Les prévisions sont particulièrement délicates pour l'avenir – pour le passé, c'est beaucoup plus simple ! Mais, paradoxalement, il est plus facile de profiler le long terme et d'anticiper le très court terme que le moyen terme, soit précisément celui auquel on nous demande de réfléchir. Et cela, pour des raisons assez faciles à comprendre. Pour le très court terme, en prolongeant la situation existante, on a peu de chances de se tromper. Pour le long terme, nous avons au moins la certitude que nous serons tous morts, selon le mot de Keynes. Nous avons aussi des déterminants géophysiques, des tendances lourdes à évolutions très lentes, comme la démographie. Nous avons en outre des données disponibles en termes de ressources naturelles : les surfaces de terres cultivables disponibles et détruites, les capacités de régénération de la biosphère et la perspective de la fin du pétrole, géologiquement programmée. On connaît enfin le temps de dissipation des gaz à effet de serre, compris dans une fourchette entre cinquante et soixante-dix ans. Tout cela induit des évolutions irréversibles, comme la hausse de la température de deux degrés minimum d'ici la fin du siècle, désormais une quasi-certitude après le quatrième rapport du GIEC (2007). On pourrait même arriver à cinq ou six, si nous ne faisons rien. Deux degrés, c'est déjà la catastrophe. Cela signifie des millions d'émigrés de l'environnement. Or on ne sait déjà pas comment accueillir cinquante Roms, que fera-t-on de cent cinquante millions de Bengladeshis ? Va-t-on rouvrir des camps d'extermination face à l'invasion des Barbares ? Après les Huns, il y a tous les autres : Wisigoths, Sénégalais, Vandales, Turcs, Burgondes, Afghans, Longobards, Haïtiens, en attendant les Vikings, les Magyars et, bien sûr, les Asiatiques...

La difficulté c'est le moyen terme. Le moyen terme, en particulier en politique, est la scène où se déroule ce drame plein de bruit et de fureur écrit par un idiot, joué par un fou et qui ne signifie rien ! Les évolutions des sociétés sont imprévisibles. Avec les élections de mi-mandat aux États-Unis (novembre 2010), on a assisté à l'extraordinaire versatilité des opinions publiques dans ce qu'il faut bien appeler, pour reprendre l'expression de Colin Crouch, les post-démocraties – c'est-à-dire des systèmes représentatifs pluralistes manipulés par les lobbies et les médias[1]. La spéculation et les bulles qu'elle sus-

1. Colin Crouch, *Post-Democracy* (Londres, Polity Press, 2004).

cite, sujettes aux rumeurs, aux comportements les plus irrationnellement rationnels, sont le domaine des prophéties auto-réalisatrices, des paniques, des *bank run*... Les rapports de force entre les groupes financiers et entre les puissances mondiales sont fluctuants. Les choses peuvent facilement basculer dans les sens les plus divers.

Les prévisions à moyen terme sont ainsi coincées entre la « dictature de l'actualité » et les incertitudes sur les décisions des acteurs importants. C'est pourquoi je préfère tenter de décrire, pour le long terme, cette chute annoncée de l'empire romain et qui n'aura pas lieu, et pour le court terme, esquisser une description de l'éclatement auquel nous avons le privilège d'assister en direct de l'empire de Charlemagne.

Le cadrage du long terme : la chute de l'Empire romain

On sait que la chute de l'Empire romain est une invention des philosophes des Lumières et des historiens de la décadence au XVIIIe siècle. Elle ne s'est pas produite à une date précise et sûrement pas en 476, lorsque Odoacre a déposé Romulus Augustule – date retenue par les manuels d'histoire pour délimiter de façon impropre le commencement de l'« obscur » Moyen Âge. Un siècle après, dans une

Ravenne encore brillante, Théodoric se considère toujours comme un agent de l'Empire.

Il y a bien eu un effondrement (*collapse*), mais celui-ci s'est déroulé sur plusieurs siècles. Il commence vers la fin de la République lorsque les Romains, suivant le mot de Tite-Live, ne peuvent plus supporter ni leurs maux ni leurs remèdes. La crise du IVe siècle, avec l'afflux incontrôlé de travailleurs immigrés, voit la chute brutale des populations urbaines, ce qui constitue certainement un indice important. Toutefois, s'il fallait donner une date à la fin de l'imaginaire de l'Empire dans les esprits, il serait certainement plus juste de choisir l'année 1453, la chute de Constantinople et la fin de l'Empire romain d'Orient, ou 1806 et l'abolition par Napoléon du Saint-Empire romain-germanique, voire octobre 1917-novembre 1918 avec la fin, à quelques mois près, des derniers Césars : le Tsar et le Kaiser. D'ailleurs, en est-on même vraiment sorti ? Certains en doutent, comme Pierre Legendre dans son admirable ouvrage, *L'Inestimable Objet de la transmission. Étude sur le principe généalogique en Occident*, tellement nous sommes encore tributaires des Institutes de Justinien et du Droit romain[1].

1. Legendre Pierre, *L'Inestimable objet de la transmission. Étude sur le principe généalogique en Occident* (Paris, Fayard, 1985).

Pour brosser la toile de fond de l'effondrement prévisible de l'Empire, on peut aussi se baser sur les scénarios du MIT dans son troisième rapport au Club de Rome, *Limits to Growth. The 30-Year Update*, trente ans après le premier signal d'alarme tiré en 1972. Le modèle systémique « World 3 », testé sur plus d'un siècle, est un bon outil pour prévoir des tendances lourdes[1]. Ce troisième rapport précise que rien ne semble pouvoir nous éviter l'effondrement – le *collapse* –, mis à part le miracle de la « vision cornucopienne » du monde où tout serait merveilleusement résolu, sauf à se lancer dans la révolution de la décroissance. Seule l'échéance change. Selon que l'on prenne des mesures palliatives plus ou moins sérieuses, ce *collapse* se situe entre 2030 et 2070 : 2030, en raison de la crise des ressources non renouvelables (pétrole, gaz, charbon, uranium, terres rares, autres minéraux et aussi l'eau) ; 2040, en raison des pollutions, du dérèglement climatique, de la mort des océans ; 2070, en raison de la crise de l'alimentation, de la désertification, de la déforestation dans

1. Voir Donella Meadows, Dennis Meadows, Jorden Randers, *Limits to Growth. The 30-year Update* (Chelsea Green Publishing, 2004) et Christian Araud, « Modéliser le monde, prévoir le futur », *Entropia, Revue théorique et politique de la décroissance* n° 4 (Lyon, Parangon, 2008).

le monde – un monde qui compterait entre neuf et dix milliards d'habitants.

Et pourtant, l'effondrement de l'Empire ne s'est pas produit et ne se produira pas, comme dans le film de science-fiction *2012,* à partir d'un gigantesque cataclysme. Certes, le cataclysme se produira, il est même en train de se produire, mais à travers une série innombrable de catastrophes le plus souvent annoncées et digérées les unes après les autres. On fait avec, comme on dit...

Comme le remarque finement Jean-Pierre Dupuy dans son ouvrage *Pour un catastrophisme éclairé*[1], « la catastrophe a ceci de terrible que non seulement on ne *croit* pas qu'elle va se produire alors même qu'on a toutes les raisons de le *savoir*, mais une fois qu'elle s'est produite, elle apparaît comme relevant de l'ordre normal des choses. Sa réalité même la rend banale. Elle n'était pas jugée possible avant qu'elle se réalise ; la voici intégrée sans autre forme de procès dans le "mobilier ontologique" du monde, pour parler le jargon des philosophes. »

Effectivement, un jour, les avions sont cloués au sol à cause d'une éruption volcanique dans *Ultima Thulé* ; une autre fois, les aqueducs qui permettent

1. *Pour un catastrophisme éclairé. Quand l'impossible est certain* (Paris, Le Seuil, 2002, pp. 84-85).

aux citoyens de jouir des bains publics sont coupés par un coup de main de barbares gothiques, d'un gang mafieux ou plus simplement par défaut d'entretien parce que les impôts ne rentrent plus en raison d'un bouclier fiscal... Toutefois, le *business as usual* persévère cahin-caha, jusqu'à ce que cela passe.

Les études des historiens contemporains qui ont redécouvert ce que l'on appelle le *tardo antiquo* – ce point aveugle dû au découpage arbitraire des études historiques entre l'Antiquité et le Moyen Âge – nous apprennent que la vie perdure, tant bien que mal. Les avions repartent jusqu'à ce que, de blocages des dépôts de pétrole en faillites de compagnies aériennes, de plus en plus de destinations ne soient plus assurées. Et puis un beau jour plus un seul avion ne vole dans le ciel. Mais à ce moment-là, cela ne dérange plus personne. Cécile Duflot a renoncé depuis belle lurette à prendre ses vacances au Seychelles – et d'ailleurs les Seychelles n'existent plus ; elles sont sous cinq mètres d'eau...

Les aqueducs sont réparés tant bien que mal après la razzia d'Alaric en 410. Au VIe siècle encore, le pape Sylvain sponsorise la remise en état de l'un d'entre eux, mais déjà les curés ont convaincu leurs troupeaux de fidèles que les bains et le cirque sont des lieux de perdition. Beaucoup de citadins se sont réfugiés à la campagne, les riches dans leur résidence secondaire défiscalisée pour ne pas payer de taxes, les pauvres, pour manger, offrant leurs services en CDD aux premiers. La voie est ouverte pour un recyclage religieux ou privatif des édifices publics à l'abandon. On privatise à tour de bras les derniers services publics, confiant le soin des pauvres au capitalisme compassionnel. C'est dans l'Empire que fut inventé l'hôpital, avant qu'il ne disparaisse avec lui. Au cœur de Rome, des fouilles récentes dans le *Largo torre argentina* s'efforcent de restituer la vie du quartier tout au long de l'interminable transition vers les temps modernes. La réorganisation locale de la vie, après la crise des transports et la quasi disparition du marché mondial (le blé d'Égypte n'arrive plus pour approvisionner les «supermarchés» qui ont fermé leurs portes), crée pas mal de problèmes que les diacres en charge de l'intendance – dont certains ont suivi à Totnes une formation sur les Villes en transition – s'efforcent de résoudre, y réussissant tant bien que mal. Toutefois, dans le même VIe siècle, aux confins de l'Empire, en Irlande, sous l'impulsion de moines un peu allumés, une culture brillante se développe qui aurait même essaimé jusqu'en Amérique avec saint Brandan, préparant ainsi la renaissance – provisoire – carolingienne... Et bien sûr, la Byzance de Justinien est à son apogée.

Cette extraordinaire longévité des périodes de décadence s'explique par deux phénomènes très différents : les routines et la résilience.

Les routines : en dépit des changements, les gens continuent à aller au boulot. En raison de la logique du « coup parti », les grands projets programmés se poursuivent : autoroutes, aqueducs, aéroports, tunnels, centrales nucléaires et autres projets *insoutenables* comme le Grand Paris – alors que très probablement, quand ils seront terminés (s'ils le sont jamais), il n'y aura plus de pétrole pour les faire fonctionner. Le comble étant l'organisation par Virgin de voyages touristiques interplanétaires… Les administrations préfectorales et régionales persistent ici et là à fonctionner à proximité, en complicité ou en hostilité suivant les endroits, avec les mafias.

La résilience : il s'agit de la capacité d'un écosystème à se reconstituer en réaction à un choc et c'est bien de cela qu'il s'agit pour une société en crise. Outre l'autoproduction agricole (le jardin familial) et le bricolage qui résistent en toutes circonstances, deux institutions témoignent depuis le Néolithique d'une extraordinaire résilience et récurrence à travers l'histoire humaine : la petite exploitation paysanne, telle que l'a analysée Alexander Chayanov, et l'atelier artisanal, formel ou informel. Ces deux institutions expliquent pourquoi et comment les Russes ont survécu à la décomposition de l'Union soviétique sans trop de dégâts, et pourquoi et comment l'Afrique, après avoir supporté la traite et la colonisation, a survécu au développement. Les expériences locales de débrouille, souvent positives, suite à des ruptures dans les circuits de l'économie mondiale, sont extrêmement nombreuses et vont toutes dans ce sens : l'Amérique latine après la grande crise et les politiques d'« import-substitution » ; l'Argentine après l'effondrement du peso. J'ai moi-même vécu au Zaïre, entre 1964 et 1966, une telle expérience de floraison de petites initiatives à Kinshasa/Léopoldville.

Finalement, la grande implosion telle qu'annoncée par Pierre Thuillier[1] ne se produira pas. Elle n'existera comme telle que pour les historiens de l'avenir, s'il en existe encore, qui se pencheront sur l'effondrement de la civilisation occidentale. En revanche, l'éclatement de l'Empire de Charlemagne va bien avoir lieu.

Les perspectives rapprochées : l'éclatement de l'Empire de Charlemagne

Je le répète, le très court terme est assez prévisible parce que ce futur rapproché est déjà engagé. À moins d'imprévu majeur, les choses poursuivront leur cours, le poids des routines l'emportant largement sur celui du volontarisme politique et même sur les effets d'un choc.

1. Pierre Thuillier, *La Grande Implosion* (Fayard, 1995).

Que le gouvernement change radicalement, qu'il fasse une politique de plein-emploi, avec ou sans relance, ou au contraire, selon la tendance actuelle, une politique d'austérité et d'injustice renforcées ; qu'il s'engage même, par impossible, dans une politique de décroissance ou qu'il se déclare en banqueroute ; qu'il restructure ses dettes, décide de sortir de l'euro, ou au contraire se lance dans une déflation suicidaire… dans trois mois, nous vivrons plus ou moins comme aujourd'hui. Le chômage n'aura pas beaucoup changé ni dans un sens ni dans un autre et, entre épargne et crédit, nous aurons plus ou moins réussi à maintenir nos habitudes.

La grande inconnue, c'est le moyen terme, pris en otage en quelque sorte par les données du court terme et les fondamentaux du long terme. Car le moyen terme dépend très largement de la manière dont on gère les contraintes, dont on négocie ou infléchit les tendances. Les effets des décisions du court terme commencent, en effet, à porter leurs fruits, savoureux ou vénéneux.

La crise financière commencée en août 2007 aux États-Unis avec les *subprimes,* qui s'est élargie à l'économie mondiale le 16 septembre 2008 avec la faillite de la banque Lehman Brothers, a connu deux phases successives. La première s'ouvre avec le G8 de Londres en avril 2009 et s'achève avec celui Toronto en 2010. C'était formidable : on allait moraliser le capitalisme, réguler les banques, supprimer les bonus, les paradis fiscaux, les stock-options... Puis, passés les effets d'annonce, plus rien. Non seulement, le règlement de compte n'a pas eu lieu, mais on a organisé à une grande échelle le sauvetage des banques. Vingt-trois mille milliards de dollars, soit un tiers du PIB mondial, ont été mis au pot. Ainsi, on a sciemment perdu une occasion extraordinaire de mettre au pas le parasitisme financier. Le résultat ne s'est pas fait attendre : l'économie de casino est repartie de plus belle, l'euphorie consumériste en moins.

Et l'on débouche sur la deuxième phase, la phase actuelle, beaucoup moins sympathique. Les citoyens assistent impuissants à la revanche de la finance et subissent de plein fouet l'austérité, pendant que se met en place ce que l'on peut appeler, avec Naomi Klein, le « capitalisme du désastre ». Fort heureusement, nous allons bientôt entrer dans la troisième phase que je crois pratiquement inéluctable : l'éclatement de la bulle financière et l'effondrement du système financier international. Aucune rustine ne me semble susceptible de boucher le trou de 600 000 milliards de dollars (soit 12 à 15 fois le PIB mondial) de l'inflation de la richesse fictive (selon l'évaluation de la BIRD de Bâle, en février 2008).

Ce que l'on ne peut pas prévoir, c'est si le système va lâcher demain, dans un an ou dans deux, ni à quelle vitesse. Mon sentiment est que cela ne va pas durer cinq ans et sûrement pas vingt. Ce qui nous rapproche du rendez-vous de tous les dangers, celui qui avait été pronostiqué pour 2050, et du chaos prévisible… Mais, avec Yves Cochet, si l'on peut penser que cela va se produire bien avant, le plus probable, c'est d'abord la fin de l'euro et l'éclatement de l'Europe. On peut prévoir « avant quinze ans », écrivait-il en 2005, ce qui nous met exactement en 2020, « la fin de la grande distribution, la fin de l'aviation commerciale de masse, la fin de l'Union européenne, la fin du capitalisme… accompagnées de chaos social et de violence politique[1] ».

L'Euroland fondé par Charlemagne, Jean Monnet, Jacques Delors et saint Boniface, était une tentative de contrecarrer la tendance lourde, celle de l'effondrement. Sa réussite provisoire, longue d'une cinquantaine d'années constitue une parenthèse historique dans l'évolution à long terme qui va vers l'émiettement des organisations sociales et politiques. Le rêve carolingien s'effrite sous l'effet dissolvant d'un individualisme économique et culturel

1. Yves Cochet, *Pétrole apocalypse* (Paris, Fayard, 2005, p. 220).

qui fait dire à un Premier ministre britannique que la société, ça n'existe pas[1], et à un prix Goncourt, Michel Houellebecq, que la France n'est qu'un hôtel envers lequel on n'a aucun devoir – autant dire une maison de passe. Le règne de la guerre de tous contre tous, qu'on appelle mondialisation ou globalisation des marchés, mais qui est bien plutôt le stade suprême de l'omnimarchandisation du monde, détruit les solidarités fondatrices du lien social à quelque échelle que ce soit. Ce ferment destructeur était déjà au cœur de la construction européenne avec la concurrence des États promue au rang de dogme. Une monnaie unique sans politique sociale, sans politique fiscale, sans politique environnementale, sans politique industrielle unique ne pouvait engendrer que des tensions insolubles.

L'éclatement de la Belgique, après celui de la Tchécoslovaquie, de l'URSS, de la Yougoslavie et, demain, de l'Espagne, de l'Italie et de bien d'autres, est le signe manifeste de cette logique dont on voit

1. « Eh bien, savez-vous, la société, ça n'existe pas. Il y a des individus, hommes ou femmes, et il y a des familles, et aucun gouvernement ne peut agir, sinon à travers des individus qui commencent par s'occuper d'eux-mêmes », Margaret Thatcher in *Women's Own Magazine* (31 octobre 1987).

mal ce qui pourrait l'arrêter. Même en pleine crise, l'Irlande refuse de modifier la fiscalité de ses entreprises et de cesser de pratiquer son dumping dévastateur pour le reste de l'Europe. Et ce ne sont pas le Luxembourg ou le Lichtenstein qui vont l'y pousser, sinon pour lui ravir la place…

La fin de l'euro marquera la fin du rêve européen. À partir de là, la contamination sera mondiale, même si certaines zones comme l'Afrique ou l'Amérique latine seront peu ou moins touchées. Pendant un certain temps, le Brésil peut continuer à vivre son rêve anachronique de *Welfare State* grâce à ses richesses naturelles fabuleuses allègrement gaspillées, qui permettent un effet de percolation minimal et justifient la popularité du président Lula.

Comment va s'organiser cette nouvelle ère d'un monde éclaté ? À moins de remettre en question la société de croissance, il est très probable que la volonté de maintenir le « mode de vie américain » transforme les post-démocraties en États ou mini-États totalitaires ou en anarchies mafieuses, sous le regard des vidéo-surveillances de *Big Brothers* de moins en moins bienveillants. Des fiefs plus ou moins fascistes dominés par des dictateurs populistes et xénophobes se dessinent déjà en Italie, en Autriche, en Hongrie et ailleurs, voire par des chefs de guerre comme dans l'ex-Yougoslavie, avec des systèmes très inégalitaires. Des deux grandes tendances d'évolution contemporaines, en partie complémentaires, en partie contradictoires, que sont l'unification planétaire et l'émiettement à l'infini des entités sociales, c'est finalement la deuxième qui, à terme, finira par l'emporter. On compte entre 5 000 à 20 000 ethnies pour environ 200 États reconnus. Tout particularisme historique, religieux, culturel, social ou philosophique est susceptible de servir de base à une tentative de fonder un vouloir (sur)vivre ensemble et d'exercer (de la Padanie à l'Ossétie du Sud) un droit des peuples à disposer d'eux-mêmes.

Quoi qu'il en soit, il faut prévoir l'effondrement des organisations non résilientes et hétéronomes (macrosytèmes techniques, commerce mondial, supermarchés), avec quelques inconnues. Les firmes géantes réussiront-elles à transformer leurs propres réseaux en organisations autonomes transnationales ? Quid d'Internet ? Quid des liaisons satellitaires ?... Bien sûr, tout cela n'ira pas sans émeutes, saccages, grèves, blocages, usage de *taser*, canons à eau, grenades lacrymogènes, mais aussi, selon toute vraisemblance, de kalachnikovs... –, ce chaos récurrent restant probablement toujours limité dans le temps et dans l'espace. Aucune coordination planétaire des révoltes ni des solidarités n'est à l'ordre du jour ni prévisible.

À moins de remettre en cause la société de croissance, on n'échappera pas au chaos. C'est effectivement : décroissance ou barbarie. Heureusement, des mouvements « anti-systémiques », pour reprendre la terminologie d'Immanuel Wallerstein, sont aussi très probables et, bien sûr, éminemment souhaitables. On peut déjà en voir des prémices se dessiner à la périphérie latino-américaine, en Bolivie, en Équateur, et des mouvements de résistance allant dans le même sens se développent ailleurs : Mexique, Venezuela, etc. Les pays amérindiens s'acheminent vers le *buen vivir*, le « bien-vivre », avec tout de même quelques inconnues : la guerre à basse intensité menée contre les sociétés qui s'émancipent de l'empire yankee peut s'intensifier (rien de plus dangereux qu'un lion blessé...), ou au contraire s'arrêter (ils n'en ont plus les moyens et ont bien trop d'autres problèmes à résoudre chez eux que de s'occuper de leur arrière-cour). Au milieu d'un monde en proie au chaos, on peut imaginer des éco- ou bio-régions autonomes, vivant selon une démocratie écologique et un système éco-socialiste, fondées plus ou moins sur les « 8 R » de l'utopie concrète de la décroissance[1]. Alors

1. Pour les fondamentaux de toute société libérée de l'obsession de croissance, nous avons proposé de formaliser la rupture par un « cercle vertueux » de sobriété choisie

que nous prolongeons de façon absurde la durée du travail en reculant l'âge de la retraite dans les pays *riches*, la Bolivie *pauvre* d'Evo Morales vient de décider de ramener celui-ci de 65 à 58 ans ! Aller à contre-courant, c'est aussi initier un virage historique.

Les mouvements anti-systémiques se développent également chez nous, mais à des niveaux encore plus réduits et plus locaux, plus ou moins partiels, dans les villes en transition, les villes lentes, les villes vertueuses, les cités postcarbone, au sein des AMAP, par le biais d'échanges effectués avec des monnaies locales… Tout cela va dans un sens favorable au renforcement des organisations résilientes, autonomes et conviviales, constituant des oasis qui peuvent féconder le désert, le faire reculer ou, au contraire, être étouffées par lui. Mais dans

---

en 8 « R » : Réévaluer, Reconceptualiser, Restructurer, Relocaliser, Redistribuer, Réduire, Réutiliser, Recycler. Ces huit objectifs interdépendants ont été retenus parce qu'ils nous paraissent susceptibles d'enclencher une dynamique de décroissance sereine, conviviale et soutenable. Ils dessinent une utopie dans le meilleur sens du terme, c'est-à-dire la construction intellectuelle d'un fonctionnement idéal. Mais cette utopie est aussi concrète, en ce sens qu'elle part des données existantes et des évolutions souhaitables pour tenter de construire un autre monde, rien moins qu'une nouvelle civilisation.

ce schéma, reste de grandes zones inconnues : quid de la Chine ? Quid du monde arabo-musulman ? Ce sont les blancs ou les trous noirs de la mosaïque…

En conclusion, seul un Dieu peut-il encore nous sauver, comme disait Heidegger ? Il est de la responsabilité de chacun d'agir pour infléchir les transformations inéluctables dans le bon sens. En particulier, nous autres Occidentaux, serions bien inspirés de faire une *metanoia*, c'est-à-dire un retour sur nous-mêmes, suivant le conseil du théologien indien et espagnol Raimon Panikkar, pour en finir avec notre *hubris*. C'est précisément ce que propose la décroissance. En cela, elle rejoint, semble-t-il, la sagesse millénaire des sociétés qui ont survécu. Cette sagesse, je l'ai retrouvée à Kyoto, dans un grand temple bouddhiste zen, dans un rébus formé de quatre caractères gravés sur la margelle d'un puits. Le message est simple : le bonheur, la félicité, se trouve dans la capacité à savoir limiter ses besoins[1].

S. L.

1. « Le sommet de la civilisation, disait Gandhi, se rattachant à une longue tradition indo-bouddhiste d'*aparigraha* (non-possession), n'est pas de posséder, d'accumuler toujours plus, mais de réduire et limiter ses besoins. » Cité par Robert Vachon, « Le Terrorisme de l'argent » (II) (Montréal, *Interculture* n° 149, octobre 2005).

PAPIER À BASE DE
FIBRES CERTIFIÉES

Fayard s'engage pour
l'environnement en réduisant
l'empreinte carbone de ses livres.
Celle de cet exemplaire est de :
0,200 kg éq. CO_2
Rendez-vous sur
www.fayard-durable.fr

42.41.0684.3/04
Achevé d'imprimer en septembre 2012
par La Nouvelle Imprimerie Laballery (Clamecy, France).
N° d'impression : 209016